MW01223476

Für Ans Hey

For Ans Hey

bi:libri-Ausgabe 2011
© 2011 NordSüd Verlag AG, CH-8005 Zürich
Alle Rechte, auch die der Bearbeitung oder auszugsweisen
Vervielfältigung, gleich durch welche Medien, vorbehalten.
Herausgegeben in Kooperation mit Edition bi:libri, München
Übersetzung aus dem Niederländischen von Monika Götze
Übersetzung ins Englische von Dr. Kristy Koth
© 2011 Edition bi:libri, München
Lithographie: Photolitho AG, Schweiz
Druck und Bindung: Grafisches Centrum Cuno GmbH & Co. KG, Calbe, Deutschland

ISBN 978-3-19-149595-4

www.nord-sued.com
www.edition-bilibri.de
www.hueber.de/bilibri

Hans de Beer

KLEINER EISBÄR

Lars, bring uns nach Hause!

Little Polar Bear

Lars, take us home!

NordSüd bi:libri

Lars, der kleine Eisbär, wohnt am Nordpol, im Land aus Eis und Schnee. Lars ist sehr neugierig. Jeden Tag macht er einen Ausflug, um die Gegend zu erkunden. "Pass auf, wo du hinläufst, Lars!", warnt ihn Mama Eisbär. "Das Eis schmilzt sehr schnell. Wenn du nicht vorsichtig bist, treibst du womöglich auf einer abgebrochenen Eisscholle davon."

Mama Eisbär hat Recht. In diesem Jahr ist es ungewöhnlich warm am Nordpol. Das Eis bricht, und an vielen Stellen ist der Schnee schon geschmolzen. Das hat aber auch Vorteile, findet Lars. Im warmen Wasser lässt es sich wunderbar herumplantschen. Außerdem räkelt sich Lars gerne in der Sonne.

Lars, the little polar bear, lives near the North Pole, in a land of ice and snow. He is a very curious little bear, so every day he goes out to explore his surroundings. "Watch where you step!" Mother Bear warns him. "The ice is melting very fast this year. If you're not careful, you could be carried away on a broken-off ice floe."

Mother Bear is right. This year it's unusually warm around the North Pole. The ice is breaking up, and the snow has already melted in a lot of places. That has its advantages, though, thinks Lars. It's fun to splash around in the warm water. And he loves to lounge in the sun, too.

Aber im Schnee zu spielen ist trotzdem das Allerschönste für einen kleinen Eisbären. Zum Glück liegt oben auf den Hügeln noch genügend Schnee. Wenn nur noch jemand da wäre! Immer alleine spielen ist langweilig.

Als es wärmer wurde, sind Lars' Freunde mit ihren Familien weiter nach Norden gezogen. Dahin, wo es immer noch genügend Eis und Schnee gibt. Lars macht sich betrübt auf den Heimweg. Doch da entdeckt er eine Spur. Sie ist noch ganz frisch. Wer das wohl sein mag? Neugierig folgt er der Spur. "Hoffentlich jemand, mit dem ich spielen kann!", freut sich Lars.

But playing in the snow is still the most enjoyable thing for the little polar bear to do. And luckily there's still enough snow up on the hills. If only someone else was here with him! Playing all alone is boring.

As it got warmer, Lars' friends moved with their families farther to the north, where there was still plenty of snow and ice. Feeling a little down, Lars starts to head back home. But then he discovers some footprints. They're still fresh! Whose footprints could they be? Curious, he follows the track. "Hopefully it's someone I can play with," Lars thinks.

Die Spur führt den Hang hinab, bis zur Bucht. Im Wasser schwimmt ein großes schwarzes Ungetüm. Dieses Ungetüm gibt laute, brummende Geräusche von sich, und aus seinem Innern stößt in regelmäßigen Abständen Rauch. Unheimlich, findet Lars. Vorsichtig dreht er sich um …

"Na, so was! Erst sieht man keinen einzigen Eisbären und dann gleich drei Eisbärkinder. Und alles in der gleichen Woche."

"Huch", sagt Lars. "Wer bist denn du?" Vor ihm steht ein sehr langer Hund auf sehr kurzen Beinen. "Nicht erschrecken", sagt der Hund. "Ich bin Fredi, der Dackel." Und stolz fügt er an: "Ich bin der Schiffshund von dem Unterseeboot da drüben."

"Oh, äh, hallo, und ich bin Lars", sagt Lars verlegen. "Wieso sagst du: drei Eisbärkinder?"

The track leads down the hillside to the bay, where Lars sees a big, black monster floating in the water. It's making loud, booming noises and smoke is puffing rhythmically out of its belly. Eerie, thinks Lars. Slowly, he turns away…

"Well, how about that? First we don't see a single polar bear, and then we see three cubs all within a week."

"Hey," says Lars. "Who are you?" In front of him is a very long dog with very short legs. "Don't be afraid," says the dog. "I'm Freddy the dachshund." And he adds proudly: "I'm the ship's dog, from that submarine over there."

"Oh…, uh, hello. I'm Lars," says Lars shyly. "Why did you say, 'three cubs'?"

"Das kann ich dir gerne erklären", sagt Fredi. "Wie du ja bestimmt gemerkt hast, ist es ungewöhnlich warm hier. Jedes Jahr gibt es weniger Schnee und Eis auf dem Nordpol. Meine Herrchen sind mit ihrem Forschungs-Unterseeboot hierher gefahren, um herauszufinden, wie viel Eis bereits geschmolzen ist. Jeden Tag tauchen wir mit dem Boot auf, um das Eis zu messen. Vor ein paar Tagen haben wir auf einer Eisscholle zwei Eisbärkinder entdeckt, die ganz allein auf dem offenen Meer trieben. Sie sind zu klein, um zu schwimmen. Meine Herrchen haben die beiden gerettet."
"Sie müssen zu ihren Eltern zurück!", ruft Lars.
"Aber wir wissen doch gar nicht, wo sie wohnen", sagt Fredi.
"Lass mich nur machen!", erklärt Lars wichtig. "Ich habe mich schon oft verlaufen und wieder nach Hause gefunden. Ich weiß, wie das geht."
"Einverstanden", sagt Fredi.
Als es dunkel ist, schmuggelt Fredi Lars auf das große Unterseeboot.

"I'll tell you why," says Freddy. "As you probably noticed, it's unusually warm here. Every year there's less snow and ice at the North Pole. My owners came here in their research-submarine to find out how much of the ice has already melted. Every day we come up to the surface to measure the ice. A couple of days ago, we discovered two polar bear cubs on an ice floe, floating all alone over the open sea. They're too small to swim. My owners rescued them…"
"They have to get back to their parents!" cries Lars.
"But we don't even know where they live," says Freddy.
"I'll take them!" Lars says confidently. "I've been lost lots of times and I've always found my way back home. I know exactly what to do."
"OK," says Freddy.
After dark Freddy smuggles Lars into the big submarine.

Lars staunt. Im Unterseeboot gibt es überall Leitungen und Messgeräte. Fredi geht vor.
Die Gänge sind nur schwach beleuchtet.
"Wir müssen vorsichtig sein", sagt Fredi. "Wenn meine Herrchen dich entdecken,
wollen sie dich vielleicht auch retten und nehmen dich mit. Lauf schneller, die
Eisbärkinder sind da hinten in der Kapitänskajüte."
Zwei Augenpaare sehen Lars neugierig an.
"Hallo, ihr Kleinen, das ist Lars", flüstert Fredi. "Er wird euch wieder nach Hause bringen."

Lars is amazed. There are pipes and gauges all over the submarine. Freddy leads
the way through the dimly lit passageways.
"We have to be careful," says Freddy. "If my owners see you, they might want to rescue
you, too, and keep you on board, so we need to hurry! The cubs are back here in the
captain's cabin."
Two pairs of eyes look curiously at Lars.
"Hello, little ones, this is Lars," whispers Freddy. "He's going to take you home."

"Ich bin Nina", sagt eins der Eisbärkinder.
"Und ich bin Ninas Bruder, Nino", sagt das andere.
"Bringst du uns wirklich wieder zu unseren Eltern zurück?"
"Ganz bestimmt!", verspricht Lars.
Plötzlich ertönt eine Glocke. "Wir tauchen wieder ab!", ruft Fredi nervös. "Lars, du musst dich gut verstecken, bis wir wieder auftauchen. Und wir passen auf, dass dich niemand findet." Ein freundlicher Forscher bringt Fredi und den Eisbärgeschwistern etwas zu essen. Die drei betteln so lange, bis sie genügend Futter bekommen haben, dass es auch für Lars, den blinden Passagier, reicht.

"I'm Nina," says one of the cubs.
"And I'm Nina's brother, Nino," says the other.
"Are you really going to take us back to our parents?"
"Absolutely!" promises Lars.
Suddenly a bell rings. "We're diving down again!" cries Freddy nervously. "Lars, you have to hide until we resurface. And we'll make sure no one sees you."
A friendly scientist brings Freddy and the polar bear cubs something to eat. They beg for more until they get enough food for themselves and for the stowaway Lars, too.

"Bitte, Lars, erzähl uns noch eins von deinen Abenteuern", betteln Nina und Nino.
Sie freuen sich, Eisbärengesellschaft zu haben. Und Lars gefällt es, den großen Bären
zu spielen und bewundert zu werden.

Am nächsten Tag verkündet Fredi, dass das Unterseeboot gleich wieder auftauchen
wird. Lars bekommt vor Aufregung Herzklopfen.
"Schnell, schnell, hier entlang!", flüstert Fredi. "Die Notluke ist offen. Nix wie raus!"

"Please, Lars, tell us about another one of your adventures," plead Nina and Nino.
They're so happy to have the company of another bear. And Lars likes being the
big bear that the cubs look up to.

The next day Freddy tells them that the submarine is about to surface again.
Lars is so excited that his heart starts thumping.
"Hurry – this way!" Freddy whispers. "The escape hatch is open. Let's get you
out of here!"

"Zieht eure Schwimmgürtel an und bleibt immer schön bei Lars, hört ihr!", sagt Fredi
voller Sorge. Lars versucht seinen Freund zu beruhigen:
"Zum Ufer ist es nicht weit und überall treiben Eisschollen. Das schaffen wir ohne
Problem, nicht wahr, ihr beiden?"
Nina und Nino nicken und halten Ausschau nach einer geeigneten Eisscholle.
Fredi verabschiedet sich ein letztes Mal und die Luke schließt sich.
"Keine Bange!", ruft Lars. "Wir können das!"

Der große Turm des Unterseeboots gleitet langsam unter Wasser.
So ganz allein, mitten auf dem Meer, fühlt sich Lars plötzlich auch ein bisschen
wie ein Eisbärkind. Aber er lässt sich nichts anmerken.

"Put your swim belts on and stay close to Lars, OK?" says Freddy anxiously.
Lars tries to calm his friend: "It's not far to the shore, and there are ice floes
floating everywhere. We won't have any trouble making it, right, you two?"
Nina and Nino nod and watch out for a good ice floe. Freddy waves one last
time and the hatch closes.
"Don't worry!" calls Lars. "We'll be fine!"

The big tower of the submarine slips slowly under the water.
All alone in the middle of the sea, Lars suddenly starts to feel
like a baby polar bear himself. But he doesn't let it show.

"Seht ihr", lacht Lars erleichtert, "das klappt doch wunderbar!"
Schnell paddelt er dem Ufer entgegen.
"Aye, aye, Kapitän Lars!", rufen Nina und Nino im Chor.
Endlich sind sie an Land. Dummerweise hat Kapitän Lars keine Ahnung, wo sie sind.
"Äh, behaltet die Schwimmgürtel lieber noch an", sagt er so gelassen wie möglich.
Wenn Lars nur wüsste, in welche Richtung sie laufen müssen. Jetzt beginnt es
auch noch zu schneien. Die Eisbärkinder bekommen allmählich Angst.

"See!" laughs Lars with relief, "everything's going smoothly!"
He paddles quickly towards the shore.
"Aye, aye, Captain Lars!" cry Nina and Nino in unison.
Finally they reach land. But unfortunately Captain Lars has no idea where they are.
"Uh, why don't you keep the swim belts on for now," he says as calmly as possible.
If only Lars knew which direction to take. And now to make matters worse, it's starting
to snow. The polar bear cubs are getting scared.

Die drei kämpfen sich durch den Schneesturm.
"Wir wären besser bei Fredi geblieben", jammert Nina, und Nino fängt an zu schluchzen.
"Haltet durch, Kinder! Wir sind bestimmt bald da." Lars versucht den Eisbärkindern Mut zu machen. Aber auch er ist erschöpft und weiß nicht mehr weiter. Unter einem großen Felsen finden sie einen Unterschlupf für die Nacht. Eng kuscheln sie sich aneinander. Die drei schlafen sofort ein.

Es ist schon hell, als Lars wach wird.
"Ihr habt euch verlaufen, stimmt's?" Vor ihnen steht ein Polarfuchs und lächelt freundlich.
"Nein, äh ja, also höchstens ein bisschen", sagt Lars verlegen. "Das heißt, ich weiß, wo wir hinmüssen, nur nicht, wo wir sind."

The three friends fight their way through the snowstorm.
"We should have stayed with Freddy," whines Nina, and Nino starts to sob.
"Hang in there, kids! We're bound to get there soon…" Lars tries to cheer up the cubs, but he is exhausted himself and doesn't know what to do next. They find shelter for the night under a big rock. Then they cuddle up close to each other and the three little polar bears fall asleep instantly.

It's already morning when Lars wakes up.
"You're lost, aren't you?" An arctic fox is standing in front of them with a big friendly smile.
"No, uh…, yeah, well, sort of," says Lars, embarrassed. "That is, I know where we want to go; I just don't know where we are."

"Tja, da habt ihr noch mal Glück gehabt! Wir Polarfüchse haben nämlich die beste Spürnase des Nordpols."
Der Polarfuchs schnüffelt erst an den beiden Eisbärkindern und dann an Lars.
"Alles klar! Die beiden Kleinen hier kommen von sehr weit weg."
"Und ich?", fragt Lars.
"Du nicht", sagt der Polarfuchs. "Ich kann euch zu dir bringen."

Zu viert machen sie sich auf den Weg. Nina und Nino sind wieder bester Laune.
Schon nach kurzer Zeit kommt Lars die Gegend bekannt vor.
"Mama, Papa, das sind Nina und Nino", ruft er wenig später seinen Eltern glücklich zu.
"Guten Tag, Frau Eisbär. Guten Tag, Herr Eisbär", sagen die Kinder höflich.

"Well, it's your lucky day! We arctic foxes happen to have the best noses in the North."
He sniffs the two cubs first, and then Lars.
"Got it! These two little ones come from very far away."
"What about me?" asks Lars.
"Not you," says the arctic fox. "I can take you back to your place."

The four of them set off on their way. Nina and Nino are in good spirits again, and it doesn't take long before Lars starts to recognize his surroundings.
Soon he's saying happily to his parents: "Mom, Dad, this is Nina, and that's Nino."
"Hello, Mrs. Polar Bear. Hello, Mr. Polar Bear," say the cubs politely.

Lars erzählt seinen Eltern von Fredi, dem Unterseeboot und ihrem abenteuerlichen Heimweg. Mama Eisbär hat Nina und Nino sofort ins Herz geschlossen. Papa Eisbär ist mächtig stolz auf seinen Sohn und bedankt sich beim Polarfuchs, dass er die drei so sicher nach Hause gebracht hat. Dann erklärt der Polarfuchs noch einmal ganz genau, wo Nina und Nino zu Hause sind.

"Das ist viel zu weit weg, um die Kleinen vor dem Winter dorthin zu bringen." Mama Eisbär lächelt zufrieden. Nina und Nino werden bis zum Frühling bei ihnen bleiben. "Aber dann bringen Lars und ich euch zu euren Eltern zurück", verspricht Papa Eisbär. "Toll! Dann habe ich den ganzen Winter Zeit, euch das Schwimmen beizubringen!", ruft Lars lachend. "Am besten beginnen wir gleich jetzt!"

Lars tells his parents all about Freddy, the submarine and their adventurous journey home. Mother Bear gives Nina and Nino a big cuddle. Father Bear is very proud of his son and thanks the arctic fox for bringing the three cubs home safe and sound. Then the fox tells them exactly where Nina and Nino live.

"That's much too far to take the little ones before winter sets in." Mother Bear smiles happily. Nina and Nino will have to stay with them until spring.
"But then Lars and I will take you back to your parents," promises Father Bear.
"Great! Then I'll have all winter to teach you two how to swim!" laughs Lars.
"Let's get started right now!"